Veüe et Perspective de la maison du Raincy

N. de Poilly exc: avec Privilege.

B. Perelle del. et sculp.

SEDECIAS

ET
ZENOBIE,
TRAGEDIES,

Qui feront reprefentées, dans la Maifon
DE MONSIEVR FILZ,

Au Fau-bourg S. Germain, ruë de Seve, le Lundy 11.
le Ieudy 14. & Samedy 16. Septembre :
ET
Les mêmes jours de la Semaine fuivante.

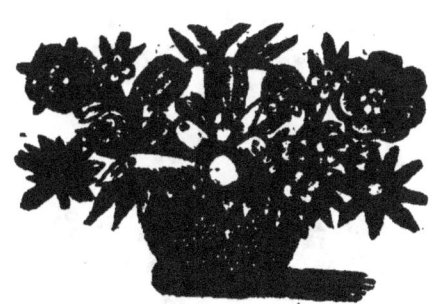

A PARIS,
Chez PIERRE ESCLASSAN, Libraire Iuré, ruë S. Iean
de Latrant, devant le College Royal.

M. DC. LXXIII.

NOMS DES ACTEURS.

	MESSIEVRS
SEDECIAS,	DE BANNE.
Princes de sa Cour, {	DVCHÉ DE BELMONT.
	DE MONBEL.
	POISSON.

AMITAL,   LE CHEVALIER PAVL.

Vne fille d'honneur,   LE COMTE DE ROCHE.

Le Capitaine des Gardes, TATTON.

LA REINE,   LE MARQVIS DE MARIGNY.

Vne fille d'honneur,   QVELIER, le cadet.

NABVGDONOSOR,   DE BELLINZANY.

Vn Prince de sa Cour,   QVELIER, l'aisné.

	LE COMTE DE FIENNES.
Les fils de Sedecias, {	DE SOMPVIS.
	GILBERT.
	Et FILZ.

Quatre autres Princes de la Cour de Sedecias.
         FOX.
         DE MONBEL.
         S. MARC.
         & POISSON.

LE PONTIFE,   GABOVRY.

Vn autre Prince de la mesme Cour de Sedecias.
         DE PREVILLE.

Monsieur DVCHÉ DE BELMONT, *fera le Prologue
à la loüange du* ROY.

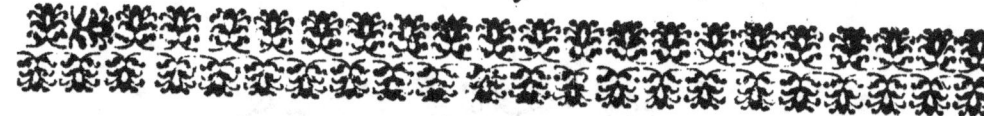

SEDECIAS.
TRAGEDIE.
ARGUMENT.

OSIAS *ayant esté tué dans une bataille qui se donna prés de l'Euphrate, entre Ben-Merodac Roy des Babyloniens, dont il avoit embrassé le parti, & Necaon Roy d'Egypte, Ioachaz l'un de ses fils fut proclamé Roy par* le peuple, *contre la loy de Salomon, qui ordonnoit, que l'aisné succedât à la Couronne; mais dés le troisiéme mois de son Regne, Necaon l'emmena prisonnier en Egypte, & rendit le Royaume de Ierusalem à Ioachim son frere aisné, auquel il imposa un tribut.*

Nabugdonosor fils de Merodac irrité de l'alliance que Ioachim avoit faite avec Necaon, assiegea Ierusalem. Ioachim fut tué, & son fils Iechonias luy succeda. Il ne regna aussi que trois mois, apres lesquels il fut emmené à Babylone, & Nabugdonosor donna le Royaume à Sedecias fils de Iosias.

Quelques années apres Sedecias s'étant declaré pour l'Egypte, Nabugdonosor envoya une armée devant Ierusalem, où il vint luy-même pour avancer le Siege, qui avoit déja duré trois ans. Cette ville tint encore deux années depuis, & fut enfin prise & rasée. Sedecias qui s'étoit sauvé à la faveur de la nuit dans le moment que les ennemis entroient par la breche qu'ils avoient faite, fut poursuivi & arresté dans la plaine de Iericho, & conduit à Reblatha, où Nabugdonosor luy fit crever les yeux, apres avoir fait egorger ses enfans en sa presence.

La Scene est à Reblata, dans le Palais de Nabugdonosor.

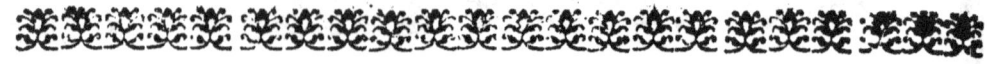

ACTE I.

SCENE PREMIERE.

SEDECIAS vient dans un jardin qui tient au Palais, où il a quelques chambres pour prison. Il témoigne à des Princes Iuifs qui l'accompagnent, qu'il reconnoît bien, que Dieu est irrité, & qu'il veut vanger les crimes de Manasses en punissant ses Enfans.

SCENE II.

AMITAL, sa mere qui a la permission de le voir pendant ce temps, vient le trouver, & luy dit quelque chose de la grandeur de courage qu'il fait parêtre dans sa disgrace. Ce Prince asseure que l'on n'est jamais malheureux lors qu'on a fait ce qu'on devoit faire : Que ceux qui jugent des choses par l'evenement en jugent mal : Que l'alliance du Roi d'Egypte luy coûtoit la perte de l'Estat : mais qu'il aimoit mieux s'en voir dépoüillé que de le posseder injustement, & qu'il n'avoit point eu d'autre moyen, pour rétablir son frere sur le Trône qui luy appartenoit, qu'en abandonnant les interests du Roi des Babiloniens. Il parle des bontés qu'un Prince de la Cour de son ennemi a eües pour lui, & prie sa mere de le voir.

SCENE III.

LE Capitaine qui l'a à sa garde le fait rentrer dans son appartement.

SCENE IV.

AMITAL se plaint des Rois d'Egypte, dont l'alliance avoit esté toujours funeste aux Israëlites. Elle se retire pour chercher les moyens de parler à la Reine des Assyriens.

PREMIER INTERMEDE.

DEs Gardes que l'on a postés pour empêcher que Sedecias ne parle à personne qu'à sa mere, se divertissent aussi-tost qu'ils ne voyent plus leur Capitaine. Vne Princesse affligée de la prise de Sedecias exprime ses peines & ses inquietudes dans un recit. Elle est accompagnée de quatre danseurs qui expriment par leurs gestes differentes passions.

PREMIERE ENTRE'E.

SIx Gardes, Messieurs DE BELLINZ'ANY, DE BANNE, DE PREVILLE, QUELIER, NERET & LAVAL.

RECIT

D'vne Princesse affligée, chanté par Mademoiselle CARTILLY.

AMOVR, crainte, desirs, que je ne puis chasser,
Vous venez tour à tour dans mon cœur vous placer,
Pour vn Roi dans les fers je languis miserable,
Ne pouvant soulager la douleur qui l'accable:
　　Ie me sens possedée
　　De toutes les fureurs,
　　Mais vne triste idée
　　Vient croistre mes douleurs.
　Si la Mort.... à ce mot mon cœur fremit de crainte,
Ah! cessons de trembler & quittons cette plainte,
Esperons qu'en ce jour vn destin plus heureux,
Rendra SEDECIAS à l'ardeur de nos vœux.

SECONDE ENTRE'E.

QVatre danseurs representant les Passions, Messieurs le CHAMTRE, LA MONTAGNE, CHAUVEAU & PECOUR.

SECOND COVPLET DV RECIT.

Mais qui me vient icy flater d'vn doux espoir,
Et qui veut m'obliger d'oublier mon devoir,
Quand ce Roi malheureux est toûjours dans les chaisnes,
Ne dois-je pas souffrir les plus cruelles gesnes.
        Oüi mon cœur s'en irrite,
        Et la fureur l'émeut,
        Ah ! la force le quitte,
        Il ne peut ce qu'il veut.
Toutesfois . . . . . mais helas la peur le viens surprendre,
Ah ! pourquoy tant de peur, il faut nous en defendre,
Esperons qu'en ce jour vn destin plus heureux
Rendra SEDECIAS à l'ardeur de nos vœux.

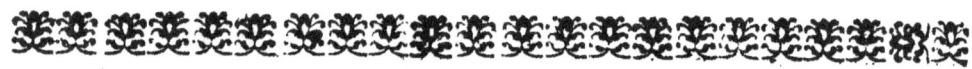

ACTE SECOND.

LA Reine vient se promener dans le jardin où elle s'entretient avec ses Filles d'Honneur des Conquestes du Roi.

SCENE II.

AMITAL vient se jetter à ses genoux, & la prie d'obtenir de Nabugdonosor la liberté de Sedecias & de sa Famille. Elle parle de ce que les Israëlites ont soufert pendant le Siege de Ierusalem. La Reine qui treuve plusieurs difficultez dans l'execution de ce dessein, veut bien neanmoins faire tout ce qu'elle pourra; mais parce qu'elle juge à propos, qu'un autre en parle premierement au Roy, elle conseille pour cét effet à Amital, d'aller trouver le Prince qui a déja rendu plusieurs bons offices à Sedecias.

SCENE III.

CE Prince se rencontre dans ce moment, & l'on cherche les moyens de reüssir dans le dessein de secourir Sedecias. La Reine voudroit qu'Amital se jetât aux pieds du Roy, mais comme il a expressément defendu, qu'on lui fit parler aucun Iuif, la chose paroît assez difficile. Le Prince dit, que Nabugdonosor doit venir au jardin & prie la Reine de s'y rencontrer, & Amital d'y amener ses petits enfans. Elle se retire.

SCENE IV.

LA reine s'entretient quelque temps avec le Prince, de l'état où se trouve un roi, lors qu'il est dépoüillé de ses Estats, & reduit à la captivité. Ce Prince sort pour se rendre auprés du roi, & la reine va attendre qu'il vienne au jardin.

II. INTERMEDE.

LEs deux grands Iardiniers ou Bostangibachis du roi des Babiloniens donnent ordre au Maistre Iardinier & à sa femme de tenir propre le jardin où ce Prince doit venir. Leurs enfans qui font la premiere entrée, & le recit se réjoüissent dans l'esperance que ce Prince leur fera quelque liberalité. Leur pere & leur mere n'ont pas moins de joye qu'eux, & les garçons ratissent & ballient les allées d'une maniere qui fait assez connêtre ce qu'ils attendent.

I. ENTRE'E.

Six enfans, Messieurs FOX, DE PREVILLE, POISSON, RAINAL, S. MARC ET MARCHAIS.

II. ENTREE.

Le Iardinier & la Iardiniere, Messieurs QUELIER ET LAVAL.

III. ENTRE'E.

Les deux Bostangibachis, Messieurs BLONDI ET LE DUC.
Recit chanté par Mademoiselle TURPIN.

GArçons que l'on se presse   Nostre Roi va parètre,
De nettoier ces lieux,   Travaillez promtement,
Et que chacun sans cesse   Qui s'arreste un moment
Fasse tout de son mieux ;   Peut déplaire à son Maître.

IV. ENTRE'E.

Six garçons Iardiniers, Messieurs LE CHANTRE, LA MONTAGNE, PECOUR, CHAUVEAU, LE FEVRE ET LE ROI.

ACTE III.

LE Roi qui paroît avec un des Princes de sa Cour, s'entretient de la temerité de Sedecias, dont il veut se vanger devant la nuit. Le Prince lui dit plusieurs choses de la clemence.

SCENE II.

LA reine se trouve au même lieu, & témoigne qu'Amiral lui a fait tant de compassion qu'elle n'a pû lui refuser la grace qu'elle

luia demandée, d'obtenir du Roi qu'il l'écoutât. On la fait venir.
Elle se jettte à genoux avec ses petits enfans. Nabugdonosor s'étonne
comment on peut demander la grace de Sedecias. Amital répond
à tout ce qu'il dit, & lui represente que son mary est mort pour la de-
fense de ses Estats, & que le crime dont il accuse Sedecias, n'est qu'une
suitte de cette mort. La Reine & le Prince ioignent leurs prieres à
celles d'Amital, & le Roy promet tout ce qu'on luy demande. Aprés
mille remerciemens Amital se retire pour aller donner ces bonnes
nouvelles à son fils.

SCENE III.

LA Reine & le Prince parlent au Roy de la clemence qu'il vient de
faire parêtre.

III. INTERMEDE.

QVelques Seigneurs Amis de Sedecias, se réioüissent de la pro-
messe que le Roi des Babiloniens a faite de rendre la liberté à
leur Prince.

Le DISCERNEMENT qui a penetré dans les sentimens de Nabugdonosor asseure que la vie privée est la plus heureuse, & fait re-
marquer dans ceux qui l'accompagnent, que si l'on ne doit pas croire
tout ce qu'on entend, il n'est gueres plus seur de se rapporter à ce qu'on
voit.

I. ENTREE.

Quatre Seigneurs, Messieurs LE COMTE DE FIENNES, DE
SUMPUIS, NERET, ET MARCHAIS.
RECIT
Chanté par le DISCERNEMENT, Monsieur PRUNIER.

HEVREVX qui peut sans nulle envie,
Vivre loin de la vanité,
Et treuver sa felicité
Dans l'innocence de sa vie.
Heureux, heureux plus de cent fois,
Celui qui vit sans artifice,
Dont toùjours l'égale Iustice,
Lui sert de mesure & de poids.

II. entrée.

II. ENTRE'E.

Gens deguifés, Meffieurs LE DUC, CHAUVEAV, PECOUR, DES-HAULTS, LE FEVRE, LE ROI ET HENRIETTE.

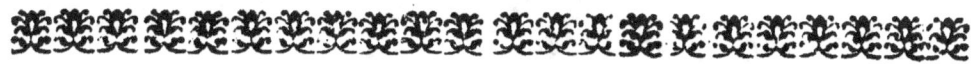

ACTE IV.

AMITAL fort avec fes enfans de l'appartement de Sedecias pour aller remercier la Reine.

SCENE II.

LE Prince Affyrien va treuver Sedecias pour lui dire, que le Roi lui a témoigné qu'il vouloit le rétablir dans fes Eftats & garder fes enfans pour oftages.

SCENE III.

QVelques Seigneurs Iuifs s'entretiennent de la fortune.

SCENE IV.

SEDECIAS va prefenter au Roy fes enfans, & le Prince lui rapporte plufieurs exemples des Rois fes predeceffeurs qui avoient efté rétablis par ceux de Babilone, pour lui perfuader que Nabugdonofor eft en effet bien intentioné pour luy ; mais il ne peut le croire.

SCENE V.

AMITAL commande à un Seigneur Iuif d'aller treuver le Pontife pour le prier de fa part d'offrir fes prieres à Dieu, & de lui demander un fuccés qui réponde aux bonnes efperances qu'elle a. Elle retourne chez la Reine pour la fupplier d'achever ce qu'elle a commencé.

SCENE VI.

LE Pontife voudroit bien parler à Sedecias, mais on luy dit qu'il ne peut le voir. Il fe retire pour faire ce qu'Amital lui a demandé.

IV. INTERMEDE.

DEs Officiers de Sedecias qui ont oüi dire quelque chofe des bons fentimens que Nabugdonofor avoit pour leur Prince, voudroient bien en fçavoir la verité. Ils la cherchent avec bien de la peine, mais ils ne treuvent que des Phantofmes qui fe moquent de leur entreprife.

I. ENTRE'E.

Quatre Officiers, Meffieurs QUELIER, MARCHAIS, DE BANNE ET DE PREVILLE.

B

DIALOGVE.

De l'ombre de Democrite & d'Heraclite, chanté par Messieurs BEAVVITS & PRVNIER.

Democrite.

Que t'a t'on fait pauvre Heraclite
Pour te plaindre & pour soûpirer?

Heraclite.

Mais toy qui parles Democrite,
Qui te fait sans cesse railler?

Democrite.

La sotise & l'impertinence
Que nous voyons à chaque pas,
M'oblige à rompre le silence
Pour rire de tout ici bas.

Heraclite.

Pour moy chaque moment m'afflige,
Et rien ne peut me consoler,
Tout ce que i'apperçois m'oblige
De m'atrister & de pleurer.

Democrite.

Rions.

Heraclite.

Pleurons.

Democrite.

Rions des foiblesses des autres.

Heraclite.

Pleurons leurs peines & les nostres.

Democrite.

Rions.

Heraclite.

Ie n'y puis consentir.
Pleurons.

Democrite.

Ie veux me divertir.

Ensemble,

Ainsi chacun peut dans sa vie,
Comme nous suivre son envie.

II. ENTRE'E.

Huit Phantosmes, Messieurs PECOUR, CHAUVEAU, LE CHANTRE, LE ROI, LA VALLEE, DES HAULTS, LE DUC ET GOIER.

ACTE V.

AMITAL s'estant treuvée fort inquiete en parlant à la Reine, veut voir le Pontife pour aprendre de lui ce qu'il espere.

SCENE II.

LE Pontife qui n'est pas dans de moindres peines à cause des visions qu'il a eües, vient pour voir Sedecias, mais il ne le peut, parce que les Gardes ont ordre de ne laisser entrer personne dans le Palais où il est avec Nabugdonosor.

SCENE III.

PEndant qu'il parle à Amital, un Seigneur Israëlite sort de ce Palais où il a veu égorger les enfans de Sedecias en la presence de leur pere, auquel ce Roi a fait arracher les yeux aprés ce massacre, Amital que la douleur a empéché de parler fait quelque reflexion sur les promesses de Nabugdonosor.

SCENE IV.

SEDECIAS paroît avec quelques Princes & des Gardes qui le remenent dans la prison. Amital & ces Princes disent ce que la douleur peut faire dire dans une pareille rencontre. Sedecias tâche de les consoler, & ce Seigneur Israëlite asseure que la ville de Ierusalem sera retablie, que le Messie viendra pour delivrer son Peuple, & pour luy donner un Royaume que ses ennemis ne pouront jamais détruire.

DERNIER INTERMEDE.

PEndant que la Cour de Sedecias est dans l'affliction, des Bergers & des Bergeres accompagnées de Pastres & de Pastorelles, de Paysans & de Paysanes se réjoüissent de ce qu'ils ne sont point sujets à toutes les disgraces qui accompagnent la condition des grands, & leur chanson exprime l'innocence de leurs plaisirs.

I. ENTRE'E.

Quatre Bergers & quatre Bergeres, Messieurs de SOMPUIS, LE MARQUIS DE MARIGNY, LE COMTE DE FIENNES, POISSON, DE BELLINZANY, QUELIER, LAVAL ET MARCHAIS.

II. ENTRE'E.

Vn Payſan, M. LE ROY.

III. ENTRE'E.

Quatre Paſtres & quatre Paſtorelles, Meſſieurs LE DUC, BLONDY, CHAUVEAU, LA MONTAGNE, LE FEVRE, HENRIETTE, DESHAULTS ET PECOUR.

Vn Berger & une Bergere chantent une chanſon, Monſieur PRUNIER & Mademoiſelle CARTILLY.

L'O'N n'entend dans nos champs,
Que des Chanſons iolies,
Les Oiſeaux dans leurs chants
Gazouillent cent folies,
L'on n'entend dans nos champs
Que des Chanſons iolies :
Les Bergers vont chantans
La douceur de leurs vies :
L'on n'entend dans nos champs,
Que des chanſons iolies.

IV. ENTRE'E.

Vn Payſan & une payſane, Meſſieurs DES MASTINS ET LE ROY.

II. COVPLET DE LA CHANSON.

L'On y vit en repos,
Content de ſa fortune,
De concert les troupeaux
Paiſſent dans la commune.
L'on y vit en repos
Content de ſa fortune,
Tirſis à tout propos
Dis qu'il n'en connoît qu'une,
L'on y vit en repos
Content de ſa fortune.

V. ENTRE'E.
Grand Ballet.

ZENOBIE.

TRAGEDIE.

S'Il est vray, comme tous les honestes gens en tombent d'accord, que la jeunesse peut tirer de grands avantages de parêtre en public, j'ay sujet de croire que l'on ne blâmera pas la resolution que j'ay prise de faire representer plusieurs fois ces deux Tragedies, puisque l'vtilité qui peut en revenir à ceux dont on m'a confié l'éducation, s'augmentera à proportion qu'ils se feront voir dans ces sortes d'exercices. I'avois consulté vne personne qui sçait fort bien le Theatre, & dont l'erudition & l'eloquence font aujourd'huy vn des grands ornemens du Bareau, sur vne pensée qui m'étoit venuë de donner vne piece qui fût partie en Latin & partie en nôtre Langue, mais il m'en a détourné ; & comme ie sçavois d'ailleurs que les jeunes gens ne se plaisent pas à repeter souvent vne mesme chose, & qu'il estoit juste de leur procurer quelque plaisir dans leur travail, aprés leur avoir donné vne piece Latine, ie me suis determiné à leur en donner vne Françoise de sa façon. Nous n'avions resolu d'abord de composer nos Entrées que des personnes qui demeurent chez moy, dont Monsieur le Seur a le soin pour la Danse ; & de les accompagner de quelque Musique, comme nous l'avions fait autrefois, mais ayant veu Monsieur Beauchamps, il voulut bien regler ce sujet, dont le Sieur le Seur s'est servi pour faire les entrées de ses Echoliers, & composer même plusieurs autres entré qu'il fait danser par ces Messieurs, qu'il employe ordinairement dans ses balets. Il a fait aussi toute la Musique tant pour les instrumens que pour les voix, & l'on peut dire qu'il a si bien reüssi dans cette entreprise, qu'il n'est pas difficile de juger que c'est Monsieur Beauchamps qui y a travaillé.

ZENOBIE.

TRAGEDIE.

ARGUMENT.

RHADAMISTE *Fils de Pharafmanés Roy des Hibe-res avoit epousé Zenobie fille de Mithridate Roy d' Armenie, & frere de Pharafmanés. Ce Rhadamiste qui se plaignoit tout haut que son pere lui tenoit trop long tems le Thrône par vne longue vieilleffe, refolut de s'emparer de l'Armenie, comme il s'en empara en effet, apres avoir fait étoufer Mithridate & toute fa famille avec des couvertures. Ces nouvelles eftant venuës à Rome, on envoya Helvidius avec vne legion. Cependant Rhadamiste ayant donné vn nouveau fujet de revolte aux Armeniens, ils l'affiege-rent dans fon Palais, d'où il fe fauva à peine par la viteffe de fon cheval, emmenant fa femme avec lui. Mais cette Princeffe qui eftoit enceinte, ne put foufrir long-tems le travail & l'agitation, & fen-tant vne cruelle douleur dans les entrailles, elle pria Rhadamiste de la tuer, pour la derober à la cruauté des Barbares. Il tâcha de l'en diffua-der du commencement, mais à la fin il la bleffe d'vn coup d'épée & la traîne fur le bord du fleuve Araxes, afin qu'apres la mort même elle ne vint pas en la puiffance de fes ennemis. En fuite il fe retira à toutes brides chez les Hiberes. Cependant quelques pafteurs avifant cette Princeffe étenduë fur le fable, & jugeant de fa condition par fa beauté, mirent quelque appareil à fa playe ; & comme elle fut revenuë à elle, & qu'ils eurent appris que c'eftoit Zenobie, ils la remenerent en la ville d'Artaxate capitale d'Armenie, d'où elle fut conduite chez Tiridate, qui la traita en Reine, comme elle l'eftoit. Depuis on envoya Corbulon en ces quartiers, parce que Vologesés Roy des Parthes ne pouvoit foufrir,* qu'on des offedât son frere Tiridate du Royaume d'Armenie qu'il luy avoit donné, ny qu'il reconnût les Romains. Tac. l. 12. de ses Ann.

La Scene est dans la ville d'Artaxate.

NOMS DES ACTEURS.

MESSIEVRS

ZENOBIE Reyne d'Armenie.

LE CHEVALIER PAVL.

PERSIDE fille de Zenobie & de Rhadamiste.

LE MARQVIS DE MARIGNY.

BERENICE fille d'honneur de Zenobie.

LE COMTE DE ROCHE.

RHADAMISTE Roy des Hiberes.

DE BELLINZANI.

TYRIDATE Roy des Parthes.

DE S. MARC.

PHRAARTE fils de Tyridate.

DE PREVILLE.

HELVIDIVS Consul & General des Romains.

FOX.

CORBVLON Consul & depute des Romains.

DE BANNE.

LEONTIN Seigneur Armenien.

DE MONBEL.

Monsieur DVCHE' DE BELMONT dira le Prologue à la loüange DV ROY.

ACTE I.

ACTE I.

ZENOBIE dit à Berenice, que Perfide n'eſtoit pas fille de Ti-ridate, comme elle l'avoit crû, & à ce ſujet luy explique plu-ſieurs autres choſes, qu'elle ne luy avoit point encore declarées.

SCENE II.

PERSIDE vient treuver Zenobie, qui combat les ſentimens qu'elle a de conſerver la vie à Tiridate, ſans luy dire neantmoins qu'il n'eſt pas ſon pere.

SCENE III.

HELVIDIVS apprend à Zenobie le ſuccez du combat qu'il a donné à Rhadamiſte & à Tiridate, leſquels il a entre ſes mains. Il luy perſuade de leur pardonner, mais elle veut qu'ils meurent.

PREMIER INTERMEDE.

LA joye où ſe trouvent des Lutins pour les inquietudes qu'ils ont données à la Reyne, leurs donne lieu de faire ce que l'on voit dans cette premiere entrée. Et la Haine qui n'a pas peu de ſa-tisfaction de ce qui s'eſt déja executé, ne chante le triomphe des Furies, que pour les engager à s'emparer de l'eſprit de Zenobie, en ſorte que ny l'amour conjugale ny la tendreſſe qu'elle doit avoir pour Perſide, ny la reconnoiſſance des bons offices qu'elle a reçus de Phraarte ne luy faſſent point changer la reſolution qu'elle luy a in-ſpirée, de faire mourir ſes deux maris. Ces Furies qui treuvent tout leur plaiſir dans le mal qu'elles peuvent faire, ſe rejoüiſſent de treuver une ſi belle occaſion pour exercer leur malice.

PREMIERE ENTREE

CINQ Lutins Meſſieurs DE BELLINZANY, DE SVMPVIS, LE COMTE DE FIENNES, DE BANNE & DE PREVILLE.

RECIT,

Chanté par la Haine, Mademoiſelle CARTILLY.

VOVS *triomphés noires Furies,*
Vos chagrins & vos jalouſies.

C

Ont mis la rage dans son cœur,
Elle brûle d'impatience,
Et dans l'excez de sa fureur
Ne songe plus qu'à sa vengeance.

II. ENTRE'E.

Dix Furies , Messieurs LE CHANTRE, LE ROI, LE DUO,
GOYER , CHAUVEAU, PECOUR, LA MONTAGNE, DESHAULTS,
LE FEVRE ET LA VALLE'E.

II. COVPLET.

ALLEZ , allez, pressez la Reyne,
Faites dans l'excez de sa haine
Qu'elle prononce leur Arrest,
Courrez de peur qu'on ne la touche,
Et que pour quelqu'autre interest
La tendresse n'ouvre sa bouche.

Les Furies continuent leur entrée.

ACTE SECOND.

PHRAARTE qui sçait que Perside ne veut épouser Helvidius que
pour sauver Tiridate, prie Zenobie de luy conserver son pere & sa Maistresse. Elle veut bien luy donner Perside, mais elle veut
perdre Tiridate, & parce que ce jeune Prince ne peut entrer dans
ses sentimens, elle le menace de ne luy donner ny son pere , ny
Perside.

SCENE II.

ZENOBIE se plaint à Perside de l'amour qu'elle témoigne à
Helvidius, & cette Princesse soustient, qu'elle doit à son pere tout ce qu'elle fait.

SCENE III.

HELVIDIVS declare à Zenobie l'amour qu'il a pour Perside,
& parce qu'il croit que cette Reyne changera de sentiment
en voyant les Rois, il les fait venir.

SCENE IV.

RHADAMISTE, Tiridate & Zenobie se font plusieurs reproches. Cette Reyne prie Helvidius de les faire retirer , & de
ne pas differer davantage leur supplice. Le Consul promet à Perside qu'il fera pour elle tout ce qui se pourra faire.

SECOND INTERMEDE.

Zenobie ayant appris que les Rois ses maris ont perdu la bataille, & qu'ils sont entre les mains d'Helvidius, ordonne qu'on delivre les autres prisonniers de guerre. Des Officiers qui les amenent enchaisnez, se rejoüissent de la victoire qu'ils ont remportée, & la Liberté assure dans un recit, que sans elle on ne trouve rien d'aimable. On oste par son ordre les chaisnes aux prisonniers, qui en témoignent leur joye dans cette seconde entrée.

PREMIERE ENTRE'E.

Huit Officiers qui delivrent les prisonniers de guerre, Messieurs LE COMTE DE FIENNES, DVCHE' DE BELMONT, DE BANNE, de SVMPVIS, DE MONBEL, POISSON, BOVDIN, & RAINAL.

RECIT DE LA LIBERTE',
Chanté par Mademoiselle TVRPIN.

On ne trouve rien d'aimable
Quand on perd sa liberté,
Vn vainqueur plein de bonté
Paroît toûjours haïssable.
On ne trouve rien d'aimable
Quand on perd sa liberté.
La plus charmante beauté,
Rend un amant miserable.
On ne trouve rien d'aimable
Quand on perd sa liberté.

II. ENTRE'E.
Six prisonniers de guerre, Messieurs DESHAVLTS, CHAVVEAV, HENRIETTE, LA VALLE'E, LE CHANTRE & LE ROI.

II. COVPLET.

On n'a point dans l'esclavage
De plaisirs ny de douceurs
On n'a rien que les douleurs,
Et les chagrins en partage.
On n'a point dans l'esclavage
De plaisirs ny de douceurs.
Chacun en fuit les rigueurs
Comme vn écüeil dans l'orage.
On n'a point dans l'esclavage
De plaisirs ny de douceurs.

L'entrée se continuë.

C ij

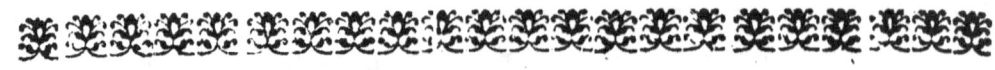

ACTE III.

ZENOBIE qui a preveu les effets de l'amour d'Helvidius pour Perside, dit à Berenice qu'elle avoit envoyé à Rome, d'où le Senat avoit fait partir Corbulon, qui devoit arriver dans peu de tems, & que cependant pour rompre les desseins de Phraarte & de Perside, elle veut leur témoigner qu'elle a changé de resolution.

SCENE II.

ELLE asseure à Phraarte, qu'elle veut vivre avec Rhadamiste, comme avec son époux legitime, & que Tiridate demeurera Roi des Parthes. Qu'il doit apprendre luy-méme à Perside, qu'il n'est point son frere, & que c'est par leur mariage que Zenobie pretend demeurer unie à Tiridate.

SCENE III.

PERSIDE ayant sceu de Phraarte, qu'elle n'est point sa sœur, & que Zenobie n'a plus de haine pour les Rois, asseure qu'elle est bien-heureuse de pouvoir se dégager du Consul. Phraarte s'explique sur l'amour qu'il a pour elle, & cette Princesse veut bien l'aimer comme son amant.

SCENE IV.

HELVIDIVS qui vient témoigner à Perside qu'il est resolu d'abandonner les interests de Zenobie, pour faire tout ce qu'elle souhaitera, est bien surpris du changement qu'il treuve dans l'esprit de sa maîtresse & de Phraarte. Il sort en colere, & proteste qu'il sçaura bien se vanger, puis qu'il tient les deux Rois prisonniers.

III. INTERMEDE.

PHRAARTE auquel Zenobie a promis ce qu'il souhaitoit avec le plus de passion, veut lui donner le divertissement de la chasse, & l'on voit pour cét effet quatre jeunes Princes qui se promettét de faire merveilles. Vn Chasseur dans un recit en invite quelques autres à se mettre de la partie.

I. ENTRE'E.

Quatre jeunes Princes, LE COMTE DE FIENNES, DE BELLINZANY, DE SOMPVIS, ET QVELIER.

RECIT
Chanté par Monſieur PRUNIER.

CHaſſons tous dans ce iour de Feſte,
  Contentons nos deſirs,
Détournons la plus ieune beſte,
Et troublons ſes plaiſirs,
Puiſque l'Amour trouble les nòtres,
Nous en pouvons bien troubler d'autres.

II. ENTRE'E.
Huit Chaſſeurs, Meſſieurs BLONDY, LE DUC, LE FEVRE, GOYER
PECOUR, CHAUVEAU, LESTANG ET DESHAVLTS.

SECOND COVPLET.

N'Arreſtons plus dans cette plaine,
  Courons tous dans ce bois,
Et pouſſons d'vne même haleine
Nòtre Cerf aux abois,
Car vne fois ſi l'heure paſſe,
On pert tout le fruit de la chaſſe.

L'entrée ſe continuë.

ACTE IV.

PERSIDE ne peut rien apprendre de Zenobie, qui bien loin
de lui confirmer la verité que Phraarte lui a decouvẽ,te, ſe ré-
joüit de lui avoir fait perdre le ſecours qu'elle attendoit du Conſul.
Phraarte qui ne voit que trop tard quel a eſté le deſſein de la Reine,
voudroit bien perſuader à Perſide, que tout ce qu'il luy a dit eſt faux, &
que Tiridate eſt ſon pere.

SCENE II.
Helvidius témoigne à la Reine, qu'il eſt preſt d'executer tout ce
qu'elle voudra ordonner. Elle perſiſte à luy demander qu'il faſſe mourir les Rois. Et lors qu'il eſt preſt de ſortir, Perſide & Phraarte ſe
jettent à ſes genoux & obtiennent ce qu'ils demandent. Ce Conſul
fait venir Rhadamiſte & Tiridate, afin que le pere de Perſide appren-
ne d'elle même qu'il a mis ſes intereſts entre ſes mains.

SCENE III.
PERSIDE ne ſçait lequel des deux Rois elle doit demander au
Conſul, parce qu'elle ne ſçait lequel des deux eſt ſon pere. Elle
ſe declare enfin pour Rhadamiſte, & Zenobie pour Tiridate.

SCENE IV.

VN Prince, vient avertir Zenobie que Corbulon est arrivé à sa Cour.

IV. INTERMEDE.

L'Arrivée de Corbulon au Camp fait toute la joye des Officiers & des Licteurs, qui paroissent dans cette Entre-Acte. Le recit se chante par un Courier. I. ENTREE.

Six Officiers romains, Messieurs de BANNE, POISSON, DE BELLINZANY, NERET, QUELIER, & LAVAL.

RECIT

Chanté par un Courier, Monsieur BEAUPUIS.

QVE je plains vn Courier & qu'il est miserable,
Quand il n'apporte point de nouvelle agreable.
Pour moy je ne fais pas ainsi,
Ie viens de réjoüir le cœur de nôtre Reine,
I'en ai chassé tout le souci,
Et reçu de ses mains le doux fruit de ma peine.

II. ENTREE.

Deux Capitaines Romains, Messieurs PECOUR & CHAUVEAU.

III. ENTREE.

Quatre Licteurs, Messieurs LE DUC, LESTANG, HENRIETTE & LA VALLEE.

II. COVPLET DV RECIT.

CORBULON de ce Camp se va rendre le Maistre,
Et dans quelques momens on le verra parétre,
Suivi des plus fameux Romains,
Les Cieux ont exaucé les vœux de Zenobie,
Et de ses époux inhumains,
A son iuste couroux elle immole la vie.

Les deux Capitaines & les quatre Licteurs continüent leur entrée.

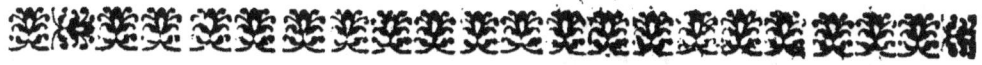

ACTE V.

CORBULON asseure Zenobie, qu'il executera les ordres du Senat. Elle lui parle de la lascheté d'Helvidius. Perside soûtient qu'il n'a rien fait qui ne fût de l'interest de Rome. Phraarte parle des bons offices que Zenobie a reçus de Tiridate.

SCENE II.

CORBULON fait plusieurs reproches à Helvidius, & luy commande d'aller rendre compte au Senat de ses actions. Il tâche inutilement de persuader à Zenobie qu'elle retourne en Armenie avec Rhadamiste; qu'elle laisse la Couronne des Parthes à Tiridate, & qu'elle donne Perside à Phraarte.

SCENE III.

VN Seigneur vient dire que les Rois sont morts, & qu'ils se sont tuez eux-mêmes. Zenobie est enfin touchée de leur malheur

DERNIER INTERMEDE.

LA jeunesse d'Armenie qui aime fort le changement, espere de grands avantages de celui qui est arrivé dans leur Estat, & se divertit d'une maniere peu connuë en France. Ils écoutent le recit avec une attention si extraordinaire, que l'on peut aisément juger que la Musique peut plaire à toutes sortes de personnes. Six Hiberiens joyeux d'avoir appris la mort de Rhadamiste dansent aussi à la mode de leur païs.

I. ENTRE'E.

Quatre Armeniens, Messieurs DE BELLINZANY, QUELIER, MARCHAIS & LAVAL.

CHANSON,

Chantée par Mesdemoiselles CARTILLY & TURPIN, accompagnées de deux Flutes, Messieurs HENRIETTE & LA VALLE'E.

NOVS allons passer la vie
Dans les douceurs de la paix,
Et la plus jalouse envie
Ne nous troublera jamais.
Les jeux, les ris & la dance,

Les douceurs & les plaisirs
Vont remplir en abondance
Tous nos vœux & nos desirs.

II. ENTRE'E.

Douze Armeniens, Messieurs LE ROI, DESMASTINS, LE CHAN-TRE, GOYER, LA MONTAGNE, DESHAULTS, PECOUR, CHAUVEAU, LESTANG, LE FEVRE, BLONDY & LE DUC.

AVTRE CHANSON,
Chantée par les mêmes Demoiselles.

LA guerre est finie,
La crainte est bannie,
Et tout nostre soucy
S'est éloigné d'icy.
Dans cette allegresse,
Que chacun se presse,
De goûter desormais
Les doux fruits de la paix.

III. ENTREE.

Six Hiberiens, Messieurs CHAUVEAU, PECOUR, GOYER, LE DUC, DESHAULTS & LESTANG.

IV. ENTREE
Grand Ballet.

FIN.